Le jardin

Texte de Stéphanie Ledu
Illustrations d'Amandine Laprun

MILAN

Un **jardin**, c'est un petit coin de nature à soi…
Que pourrait-on y **planter** ?

Direction la **jardinerie** !
Dans ce grand magasin, on achète des arbres, des arbustes, des plantes, des graines…

Ces sachets contiennent des **bulbes**, des oignons de fleurs.

On peut aussi y trouver tous les **outils** dont on a besoin.

Au travail ! Le jardinier suit le rythme des **saisons**. En **automne**, il **ratisse** les feuilles mortes, met des bulbes en terre… Ils dormiront dans le sol jusqu'au **printemps**.

Brrr ! En **hiver**, il faut protéger du froid les plantes fragiles et **tailler** certains arbres.

C’est le **printemps**, voici les premières fleurs. Le jardinier plante celles qui fleuriront en été. Il arrache les **mauvaises herbes** et **tond** souvent le **gazon**.

En été, que de couleurs !...
Le jardin est superbe. Mais gare
à la chaleur ! Les plantes ont soif :
le soir, il faut les arroser.

Et là ? C'est le **potager**, le jardin où poussent les **fruits** et les **légumes**. Cuisinés juste après la **cueillette**, ils sont délicieux !

Sais-tu que la belle
tomate juteuse
est un **fruit** ? Que
l'artichaut est le **bouton**
d'une grosse fleur ?

Au jardin vit une foule de petites bêtes.
Les escargots, les limaces, les chenilles
et les pucerons mangent les plantes.

D’autres animaux sont les amis du jardinier :
les lombrics aèrent la terre, les coccinelles dévorent
les pucerons, le hérisson croque les limaces…

En ville aussi, on peut avoir un jardin !
De petits terrains sont parfois mis à la disposition des habitants : ce sont les **jardins familiaux**.

Autre solution : jardiner sur sa **terrasse**, son **balcon**… ou même à l’**intérieur**.

Se promener, lire sur un banc, faire la sieste sur l'herbe, jouer… Pour oublier l'agitation et le bruit, vive les **jardins publics** !

Dans ce grand **parc**, plein d'activités sont proposées aux enfants.

Ces drôles de carrés se trouvent au **jardin botanique**. Ils présentent au public de grandes collections de végétaux, des plus communs aux plus rares.

Les **serres**, chaudes et humides, accueillent les plantes **exotiques**.

Partout dans le monde,
on peut voir des jardins
extraordinaires...

Le **jardin à la française** dessine des motifs compliqués.
Le plus célèbre est celui du **château de Versailles**,
que le roi Louis XIV fit aménager.

Les **jardins japonais** ressemblent à des tableaux.
Ils mêlent des **arbres** colorés, des **lanternes**,
des **pièces d'eau** où nagent de jolies **carpes koï**...

Autour du **temple** s'étend un petit jardin composé de **gravier**, de **rochers** et de **mousse**. Les vagues tracées avec un râteau symbolisent l'eau !

Voici le plus grand jardin de **fleurs** du monde...
Chaque année à **Keukenhof**, aux Pays-Bas,
sont plantés plus de 7 millions de **bulbes**.

Le jardin n’est ouvert qu’au printemps, quand ils **éclosent** !

Aujourd'hui, des **artistes** se servent de fleurs et de végétaux pour créer des sculptures, des jardins surprenants… Et si tu t'amusais à faire la même chose ?

mes p'tits docs

Découvre tous les titres de la collection

- Le chantier
- Les policiers
- Chez le docteur
- Le cirque
- Les Cro-Magnon
- Les maisons du monde
- La nuit
- La station de ski
- Voyage en avion
- Le handicap
- Les animaux de la banquise
- Les châteaux forts
- Les animaux de la savane
- La musique
- L'école maternelle
- Les camions
- Les Indiens
- Le pain
- Le jardin
- La mer
- L'hôpital
- Paris
- La piscine
- Les bateaux
- Les dauphins
- Le chocolat
- Le vétérinaire
- Les robots
- Le bricolage
- Londres
- Tout propre !
- Le camping
- Les loups
- Les trains
- Le cinéma
- Les abeilles
- Le judo
- Les chats
- Le déménagement
- New York
- Les volcans
- Les dents
- Les Jeux olympiques
- Les chiens
- Les voitures

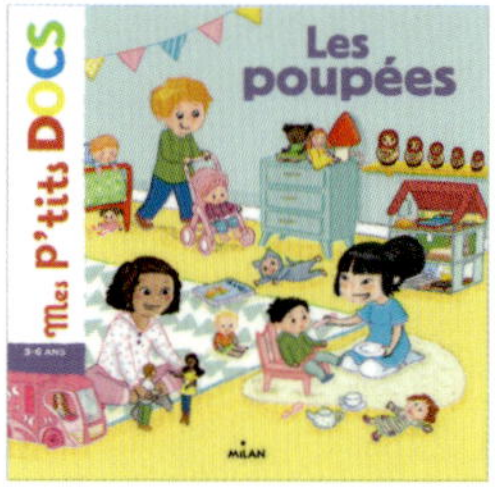